D1876827

Peter Seipel

LUCKY
besiegt die Grippeviren

Bilder von Helmut Kollars

Annette Betz Verlag

Eine unheimliche Begegnung

Mark hat zu seinem achten Geburtstag eine Taschenlampe bekommen. »Toll!«, jubelt er, »damit kann ich jetzt auf Gespensterjagd gehen!« Mark wohnt mit seinen Eltern in einer alten Villa. Und mit der Taschenlampe kann er nun die letzten dunklen Winkel und Nischen erforschen, in die er sich bisher nicht getraut hat. Besonders der Dachboden hat Mark immer schon neugierig gemacht. Doch hätte er gewusst, welcher Schreck ihn dort erwartet, wäre er wohl nicht die wackelige Leiter hinaufgeklettert.

Mark hält sich mit beiden Händen an den Sprossen fest und klemmt die Taschenlampe zwischen die Zähne. Oben angekommen, lässt er den Lichtstrahl über staubige Kisten, Stapel von Zeitschriften und Schachteln mit Christbaumkugeln gleiten.

Plötzlich zuckt Mark zusammen, als hätte ihn eine kalte Hand am Genick gepackt. Im Schein der Taschenlampe erscheint eine unheimliche, mannshohe Gestalt. Ihr Körper ist mit seltsamen roten Flecken und blauen Strichen bedeckt. Vor lauter Schreck saust Mark so schnell wie ein Klammeräffchen die Leiter hinunter – und landet direkt in den Armen seines Papas.

»I-i-i-ch hab-b w-was U-un-heimliches gesehen«, stottert Mark.
Der Papa beruhigt ihn schmunzelnd. »Keine Angst, ich werd mir das Gespenst gleich vorknöpfen!« Und schon ist er oben in der Dachbodenluke verschwunden. Mark hört Kisten poltern, Papier rascheln und etwas Schweres über den Boden schleifen. Papa schnauft und stöhnt, und Mark schlottert vor Angst. »Was soll ich nur tun, wenn das Monster den Kampf gewinnt?«

Doch schon grinst der Papa siegessicher durch die Luke herunter. »Ich hab's gefesselt«, sagt er und klettert mit einer langen, zusammengeschnürten Papierrolle die Leiter herunter. Am Küchentisch wickelt er sie vorsichtig aus.
»Ach sooo! Ein Papier-Gespenst!« Mark muss vor Erleichterung lachen. Das unheimliche Ding ist ein großes, buntes Plakat, auf das ein menschlicher Körper gemalt ist.

»Das ist noch aus der Zeit, als ich Medizin studiert habe«, sagt der Papa, der heute Arzt von Beruf ist. Auf dem Plakat ist das Innere des Menschen zu sehen: das Gehirn, die Lunge, das Herz, die Leber, die Milz, der Magen, die Nieren und der Darm. Außerdem ein seltsamer Baum mit blauen und roten Ästen, die vom Kopf bis in die Zehenspitzen reichen. »Das sind die Adern, durch die das Blut fließt«, erklärt der Papa.
Mark ist begeistert. Der Papa steigt noch einmal auf den Dachboden und kommt mit einem Buch zurück. »Das ist spannender als jede Gespenstergeschichte«, verspricht er. »Es ist die Geschichte von den tapferen Blutkörperchen, die unseren Körper gegen unsichtbare Feinde verteidigen!«

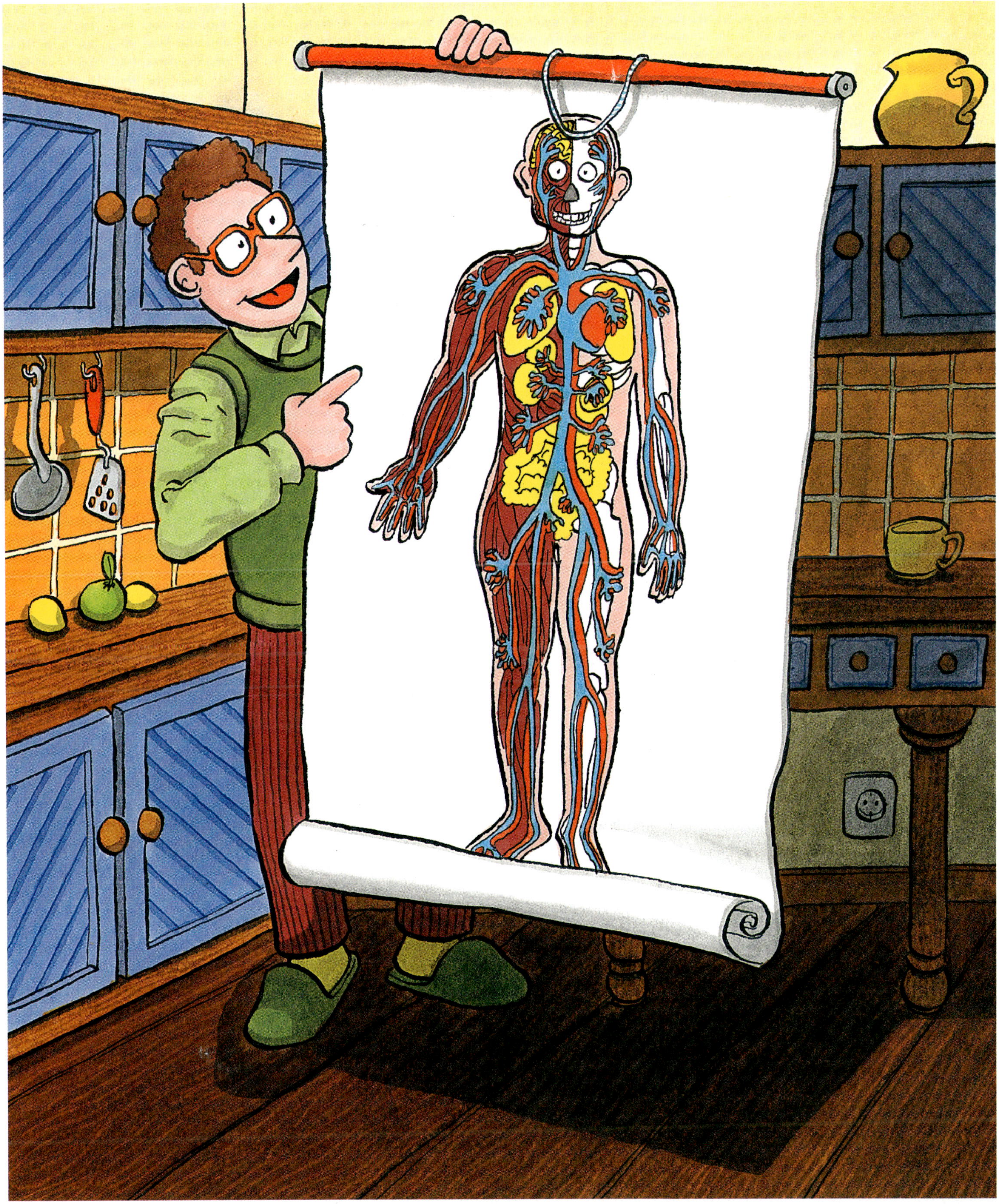

Das Geheimnis der Zellen

Am gleichen Abend nimmt Mark das Buch mit ins Bett. Sobald die Mama das Licht abgedreht hat, knipst er unter der Bettdecke seine neue Taschenlampe an. In der warmen, kleinen Höhle stellt sich Mark vor, im Inneren eines Körpers zu sein. Neugierig schlägt er das Buch auf.
Das erste Kapitel heißt: »Die Bausteine des Körpers«.
»Das will ich genau wissen«, denkt Mark, der zu Hause am liebsten mit seinem Baukasten spielt. »Vielleicht lerne ich da, wie man einen Menschen zusammenbauen kann.«
Mark erfährt, dass die Bausteine des Körpers Zellen heißen. Es sind winzige Bläschen, die mit einer Flüssigkeit gefüllt sind, in der kleine, runde Kerne schwimmen.

Da gibt es Hautzellen, Knochenzellen, Haarzellen, Blutzellen, Nervenzellen und so weiter und so fort. Und natürlich die kleinen grauen Zellen des Gehirns, mit denen Mark gerade denkt. »Das ist ja ganz schön kompliziert«, überlegt Mark. Er sieht ein, dass das mit dem Selberbauen eines Menschen wohl doch nicht so einfach ist.
»Ich bin also ein 30 Kilogramm schwerer und 135 Zentimeter hoher Turm aus Zellen!«, beginnt Mark zu grübeln. »Aber wie hält das alles zusammen? Warum kann ich laufen, essen, schlafen, mich freuen oder traurig sein?«

Ein paar Seiten weiter findet er die Antwort: Jede Zelle ist ein eigenes kleines Lebewesen, das wachsen, sich vermehren und auch wieder sterben kann. In einem Menschen werden ununterbrochen Millionen neuer Zellen geboren, während gleichzeitig Tausende alte Zellen absterben. Die Zellen leben im Körper wie in einem riesigen Königreich zusammen. Jede einzelne hat ihre ganz bestimmte Aufgabe zu erfüllen. Die einen sind für die Atmung zuständig, andere für die Bewegungen der Muskeln, wieder andere für das Sehen, Hören, Riechen, Schmecken und Fühlen. Die Zellen von Magen und Darm haben die Aufgabe, das Essen in seine Bestandteile zu zerlegen und – ähnlich wie Batterien ein Spielzeugauto – den Körper mit Energie zu versorgen.

»Und wer ist der König im Königreich?«, will Mark wissen. Doch als er weiterliest, kommt er drauf: König gibt´s keinen. Jede Zelle weiß von selbst, an welche Stelle im Körper sie gehört und was sie dort zu tun hat.

Gelernt hat sie das von Papas Samenzelle und Mamas Eizelle. Die haben sich genau neun Monate vor Marks Geburt im Bauch der Mama getroffen. Dann sind sie zusammengewachsen und haben begonnen, sich in viele kleine Zellen zu teilen. Der kleine Zellhaufen ist im Bauch der Mama immer größer geworden, bis er wie ein Baby ausgesehen hat. Schließlich ist er auf die Welt gekommen, auf den Namen Mark getauft worden, und heute Nacht liegt er unter der Bettdecke und liest ein Buch.

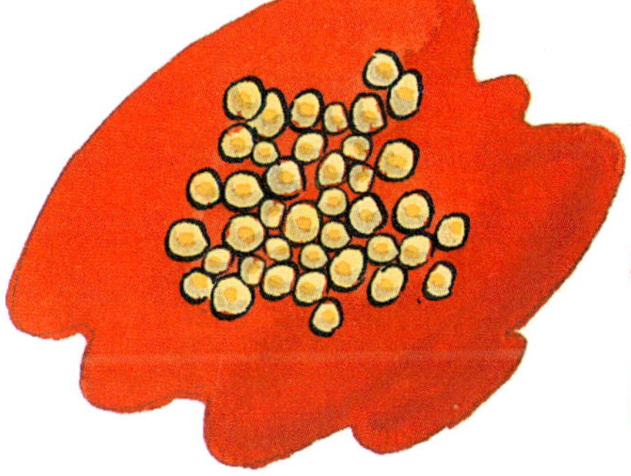

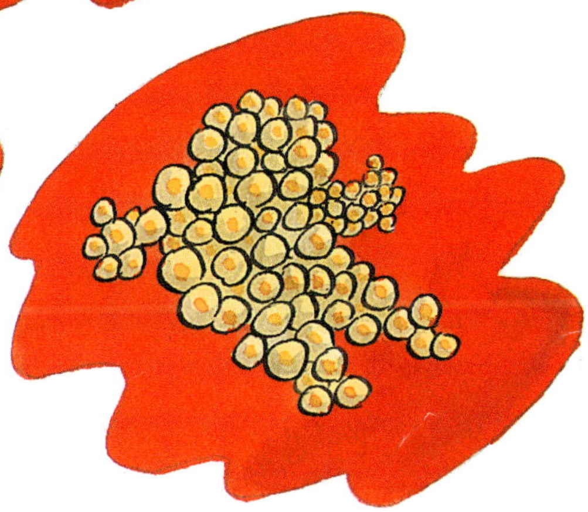

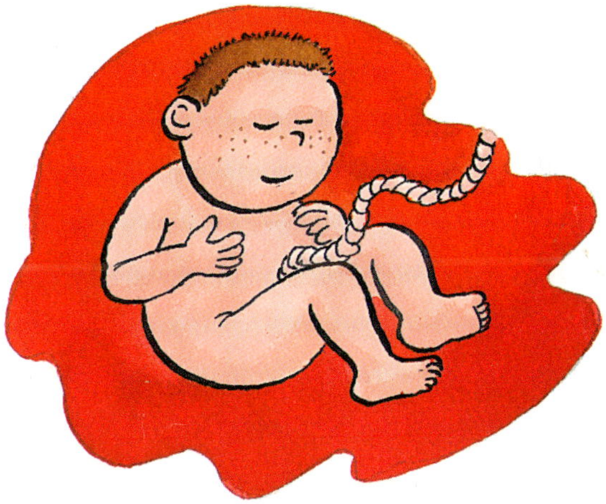

Am nächsten Morgen läutet der Wecker viel zu früh. Mark ist nicht ausgeschlafen und weiß auch, warum. Er hat so lange gelesen, bis ihm die Augen wehgetan haben. Als er die Bettdecke hebt, laufen ihm kalte Schauer den Rücken hinunter. Außerdem hat er Halsschmerzen, die sich anfühlen, als würde ihm jemand ein Messer an die Kehle halten. Dazu kommen noch eine rinnende Nase und ein harter, trockener Husten – insgesamt eine schöne Bescherung! Die Mama seufzt und gibt ihm das Fieberthermometer. 39 Grad!

Mark darf zu Hause bleiben. Zuerst freut er sich, einmal nicht in die Schule gehen zu müssen. Doch dann fällt ihm ein, dass er mit dem Tom aus seiner Klasse noch ein Hühnchen zu rupfen hat. Der Idiot hat ihn gestern bei der Lehrerin verpetzt. »Nur weil ich in der Rechenstunde mit dem Daniel ein paar Fußballer-Bilder getauscht hab«, denkt Mark wütend. Jetzt hat die Lehrerin sein Sammelalbum einkassiert. »Ich muss versuchen, es so schnell wie möglich zurückzubekommen«, nimmt sich Mark vor. Sonst ist der blöde Tom mit seinem Album zuerst fertig. Und das darf einfach nicht passieren.

Lucky

»Ich muss schleunigst wieder gesund werden«, denkt Mark. »Vielleicht kann mir Papas Medizinbuch dabei helfen!« Das Kapitel »Gefährliche Krankheiten« scheint ihm das Richtige zu sein. Mark liest und liest und kann gar nicht mehr damit aufhören. Denn im Inneren seines Körpers, so erfährt er, werden immer wieder heiße Kämpfe ausgetragen. Tausende winzige Krankheitserreger versuchen ständig, Marks Zellen anzugreifen und zu zerstören. Doch eine Armee von Abwehrzellen wirft sich in die Schlacht und versucht, die frechen Eindringlinge wieder aus dem Körper hinauszuwerfen. Die Abwehrkämpfer sind Millionen weißer Blutkörperchen, die in den Adern umherschwimmen und bei Gefahr sofort auf die Krankmacher losgehen.

Gerade als es am spannendsten wird, fallen Mark vor Müdigkeit die Augen zu. Im Halbschlaf lässt er seiner Fantasie freien Lauf. Da erscheint ihm plötzlich ein kleiner Held, der die Armee seiner Abwehrkämpfer anführt: Lucky, das kleine, weiße Blutkörperchen. Lucky schwimmt vergnügt in Marks Adern umher. Wenn Mark schläft, schlägt sein Herz ganz ruhig und Lucky lässt sich gemütlich im hellroten Blutstrom treiben. »Bumm, bumm, bumm – rund ums Herz herum«, summt er lustig vor sich hin. Ist Mark aber putzmunter und aufgeregt, schlägt sein Herz schnell und kräftig. Dann saust Lucky durch die Adern wie ein Kind auf einer endlosen Wasserrutsche – »Juppie!«

Dabei ist Lucky immer wachsam wie ein Feuerwehrmann. Wenn es Alarm gibt, muss er schnell zur Stelle sein. Denn Lucky und seine Freunde haben die Aufgabe, sich um Marks Gesundheit zu kümmern.
Lucky gehört zum Stamm der Killerzellen und gilt als geschickter Kämpfer, der mit fast allen Krankmachern fertig wird. »Na ja, so toll bin ich auch wieder nicht«, sagt er bescheiden. »Am schönsten ist es, wenn der Mark gesund ist. Dann hab ich nämlich Ferien!«
Doch leider ist an Ferien im Moment nicht zu denken. Eine Horde von Grippeviren hat sich durch Marks Nase in seinen Körper geschlichen.

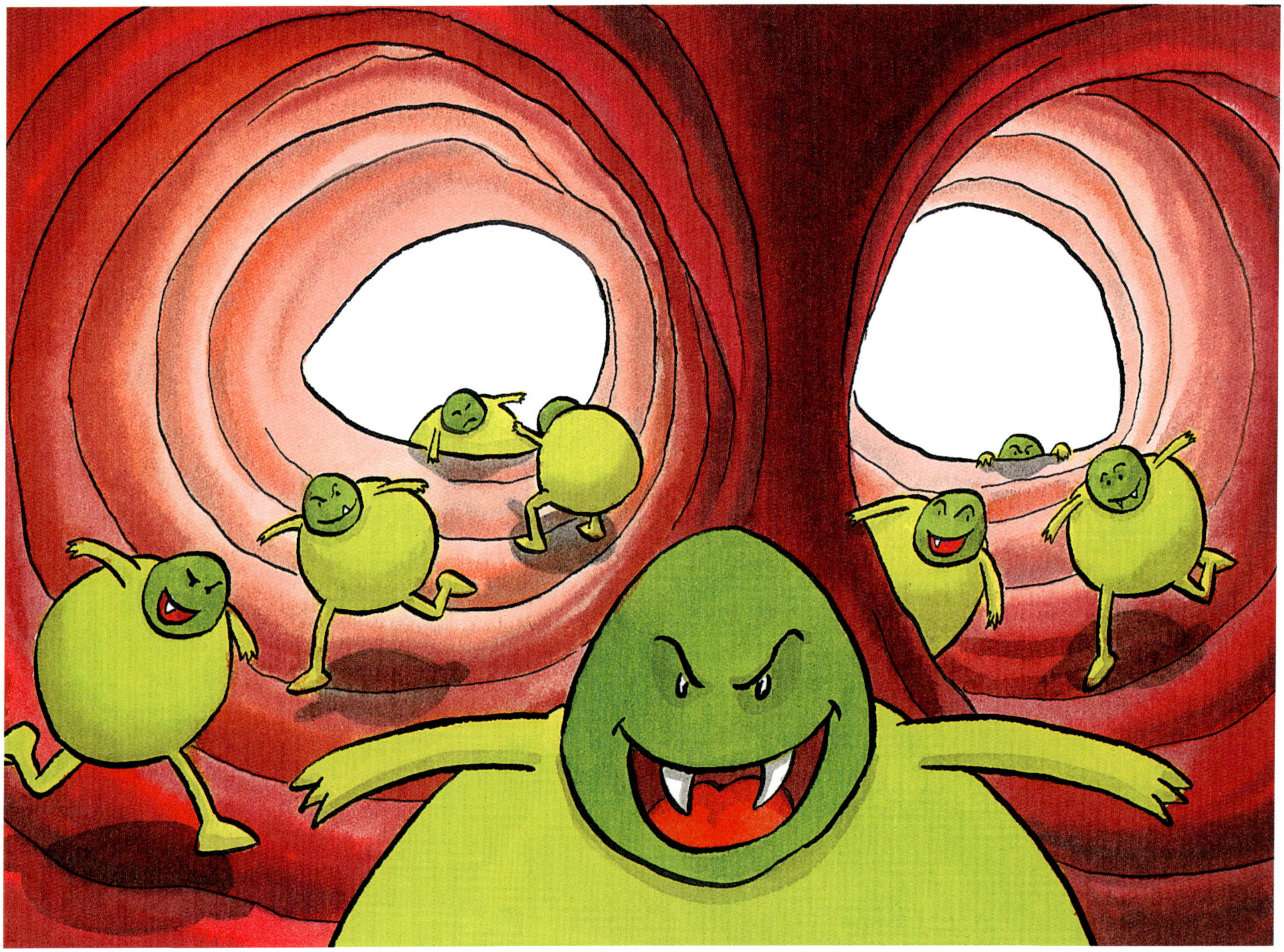

Von den vielen Krankmachern, gegen die Lucky und seine Freunde schon gekämpft haben, mag er die Grippeviren am allerwenigsten. Die winzigen, kugelförmigen Wesen sind von Natur aus ziemlich boshaft. Zuerst schleichen sie sich in den Hals und in die Nase.

Dann schlüpfen sie in das Innere der Zellen, aus denen unsere Schleimhäute bestehen. Dort beginnen sie sich zu vermehren wie Mäuse in einem Mäusekäfig. Aus einem Virus werden zwei, dann vier, dann acht, dann sechzehn und so weiter. Bis es so viele sind, dass sie die Schleimhautzelle zum Platzen bringen.

Ein Schwarm von Viren strömt heraus und greift sofort die Nachbarzellen an. Bis die Schleimhäute im Hals und in der Nase lauter winzige Löcher haben.
»Kein Wunder, dass ich davon Halsschmerzen kriege«, denkt sich Mark.

Der Kampf um Mark

Als die Grippeviren zum ersten Mal angreifen, spürt Mark nur, dass seine Nase zu rinnen beginnt. Es ist der erste Versuch seines Körpers, die winzigen Eindringlinge wieder hinauszuschwemmen.
»Haut endlich ab!«, sagt Mark und schnäuzt sich wütend in sein Taschentuch. In Papas schlauem Medizinbuch hat er auch eine Erklärung für seinen Husten gefunden. Seine Lunge will die eingeatmeten Viren schleunigst wieder hinauspusten. Doch manchen gelingt es trotzdem, sich in Marks Schleimhautzellen einzunisten.

Sofort schlagen die verletzten Zellen Alarm und rufen die weißen Blutkörperchen zu Hilfe.
Die Abwehrzellen huschen aufgeregt durcheinander. Auch Lucky, der gerade mit seinen Freunden einen Ausflug zum linken Auge unternehmen wollte, hat den Alarm gehört. Sofort biegt er an der nächsten Ader-Kreuzung in Richtung Hals ab. Da trifft er unterwegs seine Freundin Maggie, die Fresszelle.

»Hallo, Lucky, du alter Herumtreiber! Ich freu mich, dich wieder mal zu sehen«, sagt Maggie. Lucky antwortet mit einem Kompliment: »Gut schaust du aus, teure Freundin!« Bei sich denkt er, dass Maggie wohl ein bisschen dick geworden ist. Doch für eine Fresszelle ist das ganz normal. Denn die Fresszellen haben die Aufgabe, alle kranken und kaputten Zellen wegzuräumen, indem sie sie einfach auffressen.
»Die Grippeviren sind wieder da«, sagt Maggie. »Sie kommen durch die Nase und den Hals. Aufpassen, Lucky, sie sind gefährlich!«
»Danke für die Warnung«, sagt Lucky und beeilt sich zum Hals zu kommen. »Ciao, Maggie! Verdirb dir nur nicht den Magen«, ruft er seiner Freundin zum Abschied zu.
»Keine Angst, mir schmeckt's immer!«, antwortet sie fröhlich.

Unterwegs bemerkt Lucky, dass das Blut in seiner Umgebung schon ganz schön warm geworden ist. Maggie und die anderen Fresszellen haben ein bisschen eingeheizt. Mark kommt davon unter seiner Bettdecke ins Schwitzen. Doch aus Papas Medizinbuch weiß er, dass das Fieber für seinen Körper sehr wichtig ist. Denn im warmen Blut wird sein Blutsbrüderchen Lucky erst so richtig kampflustig.

Auf dem Weg zum Hals schließen sich Lucky immer mehr Killerzellen an. Zusammen bilden sie bald einen großen Schwarm.

»Auf geht's, Freunde, wir müssen uns beeilen!«, ruft Lucky.

Denn die Viren haben schon viele Schleimhautzellen befallen. Und der arme Mark hat beim Essen und Trinken das Gefühl, glühende Kohlen zu schlucken.

Die Entscheidung

Die Viren sind aus dem fernen China gekommen, von der anderen Seite der Erdkugel. Sie haben dort in den Körpern von Hausschweinen gelebt und sind eines Tages auf einen Schweinebauern übergesprungen. Die Viren haben sich in seine Nase gesetzt, doch der gute Mann hat außer einem leichten Schnupfen zuerst gar nichts davon bemerkt.

Dann ist er auf den Fleischmarkt gegangen und hat dort kräftig zu niesen begonnen. Die Viren sind in Tausenden winzigen Tröpfchen aus seiner Nase geflogen und haben sich von einem Geschäftsmann einatmen lassen, der sich am Markt gerade eine Frühlingsrolle gekauft hat.

Der Geschäftsmann ist noch am selben Tag mit dem Flugzeug nach Europa gereist. »Haaatschi!«, hat er im Flugzeug gemacht und schon ist wieder eine Virenwolke herumgeschwirrt und hat sich von seinen Sitznachbarn einatmen lassen.

»Haaatschi!« Auf diese Weise war bald die Hälfte der Flugzeugpassagiere angesteckt. Und als die dann auf dem Heimweg in der U-Bahn gefahren sind, »Haaatschi« – haben sie die Grippeviren erst recht an alle verteilt. Eltern, die auch in der U-Bahn gefahren sind, haben dann zu Hause ihre Kinder angesteckt. »Haaatschi!«

Die Kinder haben ihre Mitschüler angesteckt. »Haaatschi!« – Die Schüler haben ihre Lehrer angesteckt. »Haaatschi!« – Die Lehrer haben wiederum die Direktoren angesteckt und – »Haaatschi!« – die Eltern der Kinder noch dazu ihre Arbeitskollegen. Bald sind so viele Leute mit Grippe im Bett gelegen, dass keiner mehr sagen konnte, wer eigentlich damit angefangen hatte.

Mark hat's jedenfalls auch irgendwie erwischt. Und Lucky, sein Blutsbrüderchen, seufzt: »Wer kann die Geschichte jetzt wieder ausbaden? Ich natürlich!«
Doch in Wirklichkeit macht Lucky der Kampf gegen die Krankmacher großen Spaß. Trotzdem jammert er manchmal ganz gerne ein bisschen. »Hauptsache, der Mark bleibt ruhig im Bett liegen, trinkt warmen Tee und isst viel frisches Obst und Gemüse«, sagt Lucky. »Den Rest erledige ich mit meinen Freunden!«

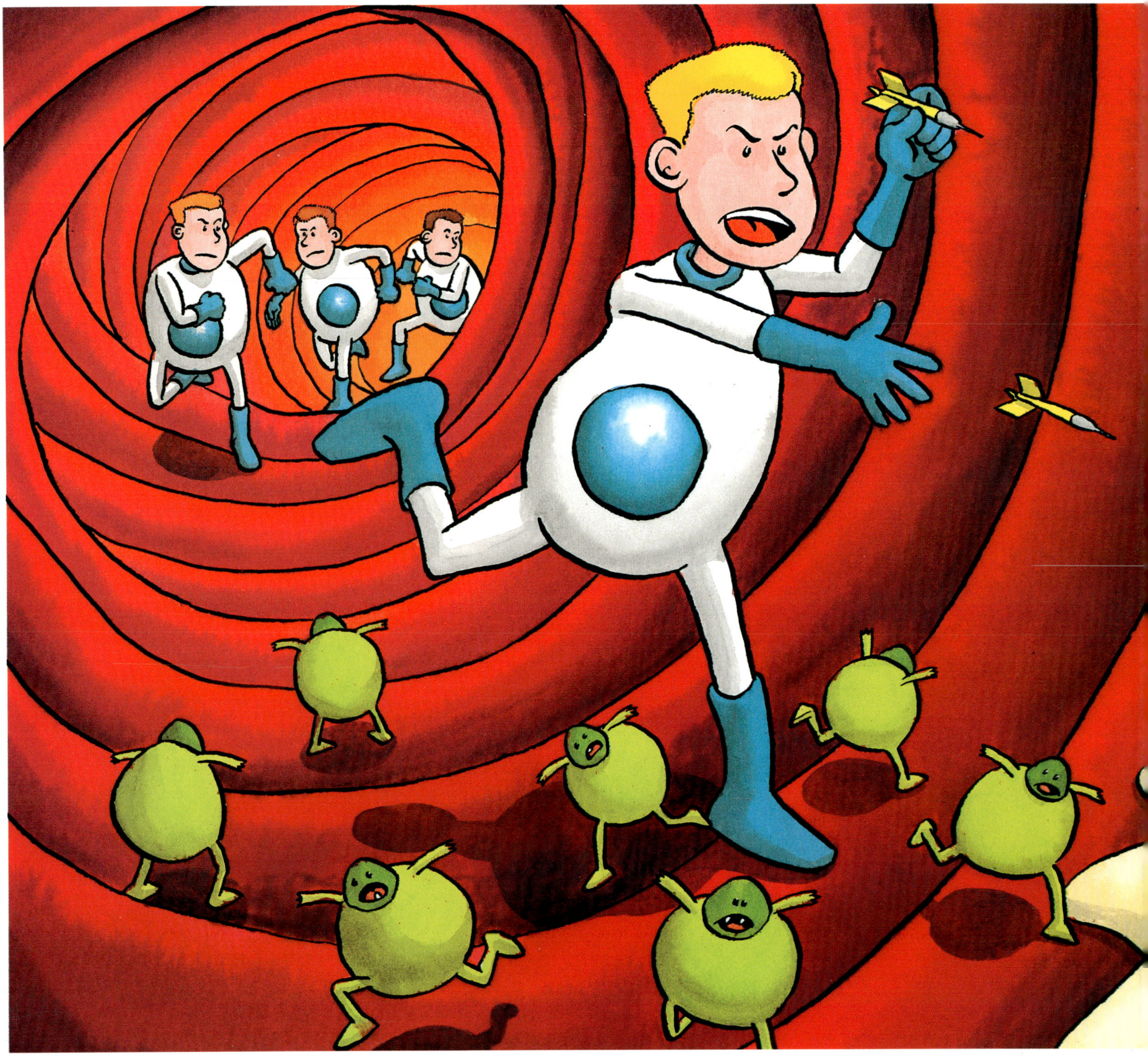

Seit Mark mit Grippe im Bett liegt, findet er das Einschlafen gar nicht mehr so schlimm. Sonst hat er immer das Gefühl, etwas Spannendes zu versäumen, wenn er die Augen zumacht.

Doch jetzt spielen sich die tollsten Abenteuer in seinem Körper ab. Und die kann er am besten miterleben, wenn er von Lucky träumt.

»Da vorne! Die kleinen grünen Kugeln – das sind unsere Gegner!«, ruft Lucky seinen Freunden zu. »Los, lasst sie nicht entkommen!« Die flinken Abwehrkämpfer stürmen auf die kranken Schleimhautzellen los, in denen sich die Grippeviren versteckt haben. Lucky schießt eine Ladung spitzer Pfeile durch die Wand einer befallenen Zelle. Mit einem giftigen Zischen fällt die Virusfabrik in sich zusammen wie ein alter Luftballon.

Lucky und seine Freunde räumen unter den grünen Kügelchen gründlich auf. Inzwischen werden in den Lymphknoten in Marks Hals immer neue Killerzellen geboren. Mark spürt, wie sein Hals unter dem Kiefer davon leicht angeschwollen ist. Er weiß jetzt, dass sich dort die Kämpfer gegen seine Krankheit versammeln.

Nach fünf Tagen ist der Kampf immer noch nicht entschieden. Mark wird schon langsam ungeduldig. Er ermahnt Lucky ein bisschen zur Eile. »Mach sie fertig, Lucky! Ich hab in der Schule etwas Wichtiges zu erledigen«, feuert er seinen kleinen, tapferen Blutsbruder an. Und tatsächlich: Als Mark am nächsten Tag aufwacht, fühlt er sich bereits deutlich besser.

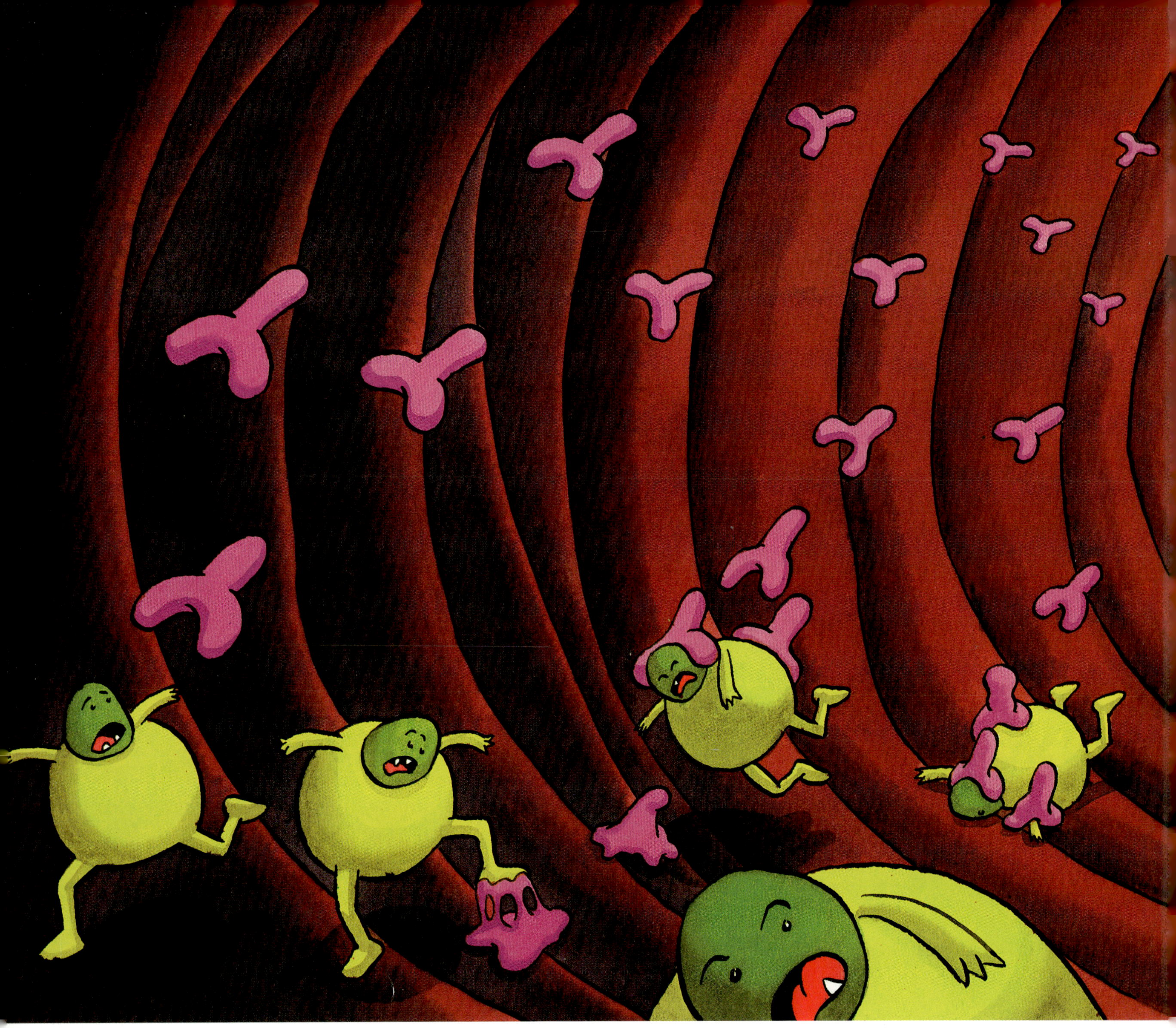

Denn Lucky und seine Freunde haben die B-Zellen zu Hilfe gerufen. Maggie, die Fresszelle, hat nämlich schon Bauchweh gekriegt vom Verspeisen der vielen kaputten Zellen. »Wenn das nicht bald aufhört, dann platzen wir noch«, haben Maggie und ihre Freundinnen gestöhnt.
Die B-Zellen setzen eine Geheimwaffe ein, gegen die die meisten Krankmacher keine Chance haben. Die Geheimwaffe ist ein Schwarm aus Tausenden winzigen Antikörpern, die wie kleine Ypsilons aussehen.

Sie werden von den B-Zellen ins Blut geschossen und hängen sich wie Kletten an die Viren an. Bald sind die Krankmacher damit so verklebt, dass sie sich überhaupt nicht mehr rühren können.

Wie ein Regen aus Klebstoff fallen die Antikörper plötzlich über die Viren her. Lucky und die anderen Killerzellen atmen auf. Jetzt haben sie leichtes Spiel. Denn die Viren versuchen vergeblich, sich von den klebrigen Kletten zu befreien. Jetzt können Lucky und seine Freunde endgültig mit ihnen aufräumen.

Als der Kampf gewonnen ist und alle Feinde besiegt sind, strömt aus den Lymphknoten ein Schwarm von Friedenszellen in die Blutbahnen. »Gewonnen! Gewonnen! Ihr dürft euch zurückziehen!«, rufen sie den Killerzellen zu. Inzwischen machen sich die Fresszellen über die im Kampfgetümmel zerstörten Zellen her.

Und eine Gruppe von Gedächtniszellen merkt sich genau, wie die Grippeviren ausgesehen

haben. Denn sollte Mark später einmal von den gleichen Krankmachern angegriffen werden, können die Gedächtniszellen gleich viel schneller als beim ersten Mal mit der Abwehr beginnen.

»Na, hoffentlich bleibt der Mark aber jetzt gesund«, sagt Maggie zu ihren Freundinnen. »Sonst muss ich bald dringend eine Abmagerungskur machen!«

Eine nette Überraschung

Mark ruht sich am Wochenende noch ein bisschen aus und geht am Montag wieder in die Schule. Die Sache mit Tom, der ihn bei der Lehrerin verpetzt hat, hat er beinahe schon vergessen. Doch da erlebt Mark eine nette Überraschung. Auf seinem Tisch liegt sein Fußballer-Album!

Da kommt auch schon der Tom zu ihm und grinst ihn freundlich an. »Tut mir Leid deswegen. Ich hab's der Lehrerin jedenfalls wieder abgeknöpft. Nichts für ungut, ja?« Mark weiß zuerst nicht, was er sagen soll. Dann murmelt er ein kurzes »Danke«.

»Ich hab noch was für dich«, sagt Tom, »praktisch als Entschuldigung.« Er drückt Mark einen kleinen Umschlag in die Hand. Mark öffnet ihn ungeduldig und stößt einen Jubelschrei aus.
»Toll! Das sind genau die Bilder, die mir fehlen!« Sein ganzer Groll gegen Tom ist mit einem Schlag verflogen.
»Dafür hab ich auch was für dich«, sagt Mark. »Ich erzähl dir die spannendste Geschichte, die du je gehört hast.«
Tom wird neugierig: »Worum geht's?«, fragt er.
»Wirst schon sehen«, sagt Mark. »Ich verrate nur so viel: Es geht um einen kleinen, tapferen Freund, der in meinem Blut herumschwimmt und der immer auf mich aufpasst!«

DAS IMMUNSYSTEM

Die weißen Blutkörperchen verteidigen unseren Körper gegen alle Krankheiten. Sie sind Bestandteile des Blutes, das außerdem noch aus den roten Blutkörperchen und dem Blutplasma besteht. Die weißen Blutkörperchen unterteilen sich in verschiedene Stämme:

Killerzellen (Lucky):
Sie stürzen sich zuerst in den Kampf gegen die Krankheitserreger. Die Killerzellen schießen spitze Pfeile auf Körperzellen ab, die von Viren befallen sind. Die kranken Zellen zerplatzen, die Viren sterben ab.

Fresszellen (Maggie):
Sie schlucken und verdauen gefährliche Krankheitserreger und die Reste zerstörter Zellen. Die Fresszellen lösen außerdem Entzündungen aus, lassen die Körpertemperatur ansteigen und organisieren die Heilung des erkrankten Körpergewebes.

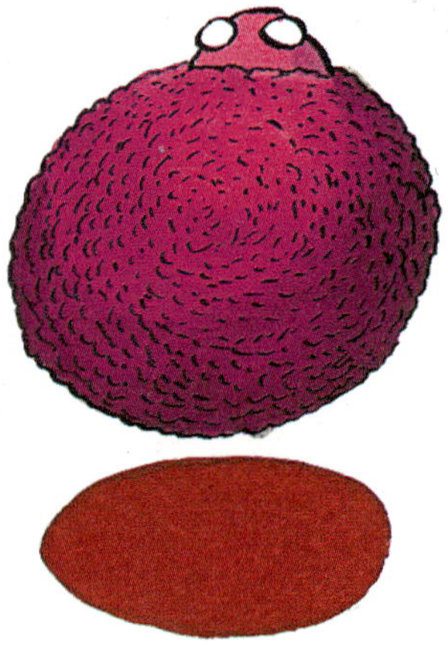

B-Zellen:
Sie unterstützen die Killerzellen im Kampf gegen die Krankheitserreger. Die B-Zellen streuen viele Y-förmige Antikörper ins Blut, die sich wie Kletten an die Viren hängen und diese unschädlich machen.

Friedenszellen:
Sind die Krankheitserreger besiegt, schwärmen die Friedenszellen aus und rufen alle Killer-, Fress- und B-Zellen zurück.

Gedächtniszellen:
Sie merken sich genau, wie ein Krankheitserreger aussieht. Sollten die gleichen Viren später noch einmal angreifen, schalten die Gedächtniszellen sofort die Körperabwehr ein. Killer- und Fresszellen können die Krankmacher dann so schnell abfangen, dass die Krankheit oft gar nicht erst zum Ausbruch kommt.